RECHERCHE

D'UNE

BASE SCIENTIFIQUE

POUR LA

CLASSIFICATION DES DROITS ET DES OBLIGATIONS

Par M. Raoul Brugeilles,

Juge suppléant au tribunal civil de Bordeaux.

Nous avons, dans un précédent article (1), indiqué que tout droit était corrélatif d'une obligation, et nous avons désigné, suivant l'exemple de nos devanciers dans l'analyse juridique, cet ensemble indissoluble sous le nom de *rapport juridique*, en faisant observer que si l'on ne perdait pas de vue cette dualité foncière on y découvrirait des conséquences importantes. Nous allons examiner ici celle qui est relative à la classification de ces rapports, et la comparer à la classification usuelle. Mais nous croyons préférable d'abandonner d'ores et déjà et définitivement le terme de rapport juridique, qui est vague et équivoque, pour le remplacer par celui de *phénomène juridique*.

Nous appelons donc phénomène juridique l'ensemble constitué par un droit muni de son obligation corrélative, en précisant que nous avons analysé ce phénomène, et que nous y avons reconnu trois éléments : les sujets, les objets et les relations qu'ils soutiennent les uns avec les autres. Ces éléments sont seuls nécessaires et suffisants, et les variations de leurs natures entraînent seules les variations des phénomènes juridiques.

(1) *Revue*, 1909, 293 et suiv.

I

Il nous faut donc établir tout d'abord un premier principe
destiné à servir de base à leur classification, à savoir que cette
dernière ne doit pas reposer sur la partie permanente et commune à tout phénomène juridique, extérieure à lui, et le régissant : la loi ou règle de droit.

Nous ne pouvons ici examiner la nature de la loi juridique,
ni établir, ce que nous espérons montrer ailleurs, qu'elle se confond avec la loi scientifique, en tant qu'elle gouverne les phénomènes juridiques au même titre que celle-là tient sous sa dépendance les phénomènes du monde matériel.

Mais nous pouvons faire pressentir comment tout phénomène
juridique doit se ranger dans une certaine classe, indépendamment de la considération de la loi à laquelle il est soumis.

Que nous considérions la loi comme un ordre donné directement par le gouvernant, posé une fois pour toutes dans une
formule légale, pourvue ou non de sanction, il nous paraît
acquis que l'obligation qu'elle met ainsi à la charge d'un sujet
vis-à-vis d'un autre sujet peut être considérée comme toujours
identique à elle-même. Cette proposition paraît recevoir un
démenti découlant de ce que les obligations juridiques ont été
classées, ce qui tendrait à faire croire qu'elles ont des natures
différentes. Cependant, nous ferons voir que leur classification
ne repose pas sur leur nature plus ou moins obligatoire, mais
seulement sur les relations du débiteur (*lato sensu*) avec l'objet
qu'il *doit* procurer au créancier. Nous pouvons donc dans une
obligation discerner deux éléments : 1° un élément invariable et
permanent, c'est-à-dire la loi, l'application de la règle de droit
à l'obligation considérée, 2° un élément variable et contingent,
permettant de les classer et consistant dans la relation purement
phénoménale unissant le débiteur au créancier *à travers*, par
l'intermédiaire de l'objet.

II

Examinons, avant de tirer de notre principe les conséquences
qu'il comporte, comment la doctrine, à la suite de la loi, de l'autorité de laquelle elle n'a pas su se dégager suffisamment, a
conçu la classification des phénomènes juridiques.

Cette classification est entachée de deux vices radicaux et

REVUE TRIMESTRIELLE

DE

DROIT CIVIL

COMITÉ DE DIRECTION :

A. ESMEIN
Membre de l'Institut,
Professeur à la Faculté de droit
de l'Université de Paris ;

CH. MASSIGLI
Professeur à la Faculté de droit
de l'Université de Paris ;

R. SALEILLES
Professeur à la Faculté de droit
de l'Université de Paris ;

ALBERT WAHL
Professeur à la Faculté de droit
de l'Université de Paris,
Doyen honoraire de la Faculté de droit
de l'Université de Lille.

EXTRAIT

RECHERCHE D'UNE BASE SCIENTIFIQUE
POUR LA
CLASSIFICATION DES DROITS
ET DES OBLIGATIONS
Par M. Raoul BRUGEILLES
Juge suppléant au tribunal civil de Bordeaux

ABONNEMENT ANNUEL :

France, **20** francs ; Étranger, **22** francs.
Prix du Nº *franco*, **6** francs.

LIBRAIRIE
DE LA SOCIÉTÉ DU
RECUEIL SIREY
22, *rue Soufflot*, PARIS, 5e arr.
L. LAROSE & L. TENIN, Directeurs

fondamentaux : 1° elle n'est pas conforme à la loi de la subordination des caractères; 2° elle n'a pas tenu compte de la dualité foncière du phénomène juridique ; elle a classé à part les droits et les obligations, et de plus ces classifications ne sont pas parallèles.

La raison d'être de cette anomalie résulte de considérations historiques et pratiques. Les divers types de droits : réel, de créance, de puissance, etc., ont été reconnus au fur et à mesure des besoins et ont passé tels quels dans la loi, puis dans la doctrine, qui n'a pas eu le courage de reviser progressivement les résultats de l'expérience pour mieux les coordonner et les synthétiser. Il serait intéressant pour un historien du droit, ou un sociologue de l'école historique, de rechercher la date de l'apparition des divers types de droits et d'obligations et les causes qui leur ont donné naissance. Ce travail devra se faire, le jour où l'Histoire du droit cherchera à se rattacher à la sociologie générale. Nous ne l'entreprendrons pas ici même par indications. Il nous suffit de faire observer que la tradition pèse lourdement sur l'avènement du Droit à titre de science, et qu'il faut de toute nécessité chercher à s'en affranchir progressivement.

Justifions sommairement les critiques que nous adressons à la doctrine.

D'abord la classification des droits et des obligations n'est pas conforme à la loi de la subordination des caractères. Si elle l'était, il y aurait d'abord la notion de droit et d'obligation à l'état général, et nous savons qu'elle n'existe pas. Le droit et l'obligation auraient été analysés en leurs éléments irréductibles. On aurait recherché celui d'entre eux dont les variations entraînaient celles des autres, et c'est en considération de cet élément qu'on aurait posé la première règle de distinction des droits-obligations. L'élément suivant le plus important aurait servi de base aux sous-classes, et dans chaque sous-classe, la variété même des diverses espèces d'un même élément aurait donné naissance à des types de moins en moins généraux, rattachés aux précédents par une subordination basée sur la nature même des choses. On aurait obtenu ainsi des types juridiques partant d'un type unique et général et aboutissant progressivement à des types de moins en moins abstraits, de plus en plus concrets et près de la réalité. Les règles applicables à ces types auraient suivi un ordre de généralité parallèle, depuis les principes communs à tous les droits et à toutes les obligations, jusqu'à ceux absolument spéciaux, pouvant aller jusqu'à ne régir qu'un cas concret. Tel est, selon nous, l'idéal auquel devait tendre la doctrine, et qu'elle n'aurait jamais dû perdre de vue.

En est-il ainsi? Il est évident que non.

Est-il besoin d'insister longuement pour le montrer ? Il y a bien dans le droit civil les germes d'un droit commun : les règles des obligations en général peuvent servir à l'élaboration de ce droit. Mais est-il permis à l'heure actuelle de dire que les types généraux d'obligations sont découverts? que leurs règles sont applicables à toutes, qu'elles soient pécuniaires (économiques) ou non, de droit privé ou de droit public? Il est permis d'en douter. En tout cas l'accord n'est pas établi à ce sujet.

D'autre part, où est le type général commun du droit? Est-ce le droit réel ou le droit de créance? Où sont les liaisons de dépendance des divers types de droits par rapport au « droit » tout court, dont il n'existe aucune définition, aucun type? Et comment existerait-il puisqu'on le sépare arbitrairement de l'obligation corrélative, sans laquelle il ne se comprend pas?

Nous arrivons donc à l'examen de la seconde critique, qui contient l'explication de ces hésitations, de ces incohérences.

Il est impossible d'élaborer une classification rationnelle des phénomènes juridiques, si on ne les considère pas comme un tout à double face. Si donc on classe à part les droits, puis ensuite les obligations, il y a de fortes raisons de penser que ces deux classification ne coïncideront pas, ne seront pas parallèles, et c'est ce qui s'est produit. La distinction des obligations en pures et simples ou conditionnelles ou à terme, en alternatives ou solidaires ou non, divisibles ou indivisibles, n'a absolument rien de commun avec la distinction des droits en réels, de créance, de puissance, etc. Il n'y aurait encore que demi-mal si elle pouvait être considérée comme une sous-distinction applicable à chaque classe de droits. Mais il n'en est rien. Par exemple les obligations corrélatives d'un droit réel n'ont jamais d'abord été reconnues et analysées, et par suite identifiées avec leurs diverses classes. D'autre part, il n'est jamais venu à l'esprit d'aucun jurisconsulte de rechercher par exemple si l'obligation corrélative du droit de vote était pure et simple ou conditionnelle, alternative ou solidaire. La vérité c'est que la distinction classique des obligations est spéciale aux droits de créance, *stricto sensu*, et que ce n'est que par exception, et par des détours, qu'on leur emprunte des règles générales applicables aux droits présentant quelques analogies avec elles, les droits des parents ou des époux, le mandat législatif, par exemple.

Pour toutes ces raisons et bien d'autres qu'il serait aisé d'exposer, la classification doctrinale des droits et des obligations est totalement dépourvue de valeur scientifique.

De bons esprits s'en sont aperçu, et, notamment, M. Roguin, dans sa *Règle de droit* s'est efforcé de remédier à cet état de choses. Il a donc proposé une autre classification, qu'il était mieux à même de fournir, à la suite de son excellente analyse, bien que défectueuse à bien des égards, du phénomène juridique.

III

M. Roguin s'est borné à la classification des rapports de droit privé. Il aurait pu, son analyse étant suffisamment poussée, se proposer de l'étendre aux rapports du droit public. Il a été arrêté par un scrupule que nous comprenons, celui de n'avancer que des propositions qui lui paraissaient certaines, et on ne peut que l'en louer. Mais nous ne suivrons pas son exemple sur ce point, persuadé que nous sommes, que les éléments fondamentaux du phénomène juridique, tel que nous le comprenons, se retrouvent aussi bien en droit public qu'en droit privé, ainsi qu'on pourra s'en convaincre par l'examen de notre classification.

Malgré le soin que M. Roguin avait apporté à l'analyse des rapports de droits, il n'a pas su en tirer tout le parti qu'il aurait pu. Il a eu le tort de procéder comme la doctrine, et de classer surtout les droits, au lieu de s'attacher à l'ensemble qu'ils forment avec leurs obligations corrélatives. Tout au moins, s'il en a tiré parti dans une certaine mesure, il n'est pas allé jusqu'au bout des conséquences de son système.

C'est ainsi qu'il a divisé les droits privés en deux grandes classes : droits absolus et droits relatifs, et qu'il n'a fait que reproduire ainsi sous une forme d'ailleurs plus exacte la distinction classique du droit réel et du droit de créance, en la généralisant toutefois et en faisant sentir que leur différence résultait de la nature des obligations qu'ils supposent.

Les droits absolus sont pour M. Roguin ceux qui imposent aux « sujets passifs » une obligation générale d'abstention, et qui consistent dans des facultés juridiques de l'homme sur lui-même, sur les autres ou sur les choses qui sont garanties par cette obligation générale d'abstention. Ils comprennent : 1º la condition des personnes et la forme des actes ; 2º les droits des personnes sur elles-mêmes, 3º les droits de puissance ; 4º les droits réels et 5º les monopoles ou la propriété littéraire et artistique.

Les autres droits, tels que les droits de créance, sont relatifs.

Ces derniers, c'est-à-dire les obligations au sens courant, supposent toujours chez les sujets tant actifs que passifs un droit absolu, consistant pour le débiteur à s'obliger en général, pour le créancier, à jouir de son émolument. Les droits relatifs ne peuvent donc avoir pour objet, nous dirions plus volontiers pour but que l'utilisation ou le transfert des droits absolus.

Ce point nous paraît certain et définitivement acquis à la science juridique. Nous en tirerons une conséquence et une critique : c'est que le choix même des termes d'absolus et de relatifs ne cadre pas d'abord avec cette conception. Il aurait été préférable d'appeler les droits absolus des droits primitifs ou primaires, et les droits relatifs des droits secondaires ou dérivés.

Mais une critique plus grave peut être adressée à la conception même des droits absolus, et il nous paraît certain que ce terme est vicieux en lui-même.

Il est d'abord inexact, et M. Roguin l'a reconnu lui-même : après avoir dit par exemple que le droit de propriété est un droit absolu, il est obligé d'avouer que ce droit, tel qu'il le conçoit, *n'a jamais existé.* C'est qu'en réalité il n'y a jamais eu, il n'y a pas, et il n'y aura jamais de droits absolus.

Cette conception implique en effet une idée *a priori* que M. Roguin a eu le grand tort de ne pas apercevoir et de ne pas abandonner. Cette idée consiste à poser l'individu comme le seul sujet possible d'un droit : elle préjuge donc la solution que doit recevoir la question de la personne morale, qui dans cette conception ne peut être qu'une fiction, alors que nous ne pouvons pas savoir encore si elle n'est pas plus réelle que l'individu. Rien ne nous autorise à penser, avant d'avoir recherché s'il en est ainsi, que le droit est un phénomène destiné à la satisfaction *exclusive* de l'homme isolé. *A priori* même l'idée contraire nous paraît plus probable. Il nous paraît plus vraisemblable que l'intérêt inclus dans un phénomène juridique est plus social qu'individuel. Nous devons donc rejeter de la science juridique le terme de droit absolu.

De plus, la base même de la classification de M. Roguin est mal conçue. Les droits absolus correspondent pour lui à une obligation générale d'abstention, et les droits relatifs à une obligation spéciale qu'elle soit d'action ou d'abstention. Mais quelle est la base de cette distinction? Est-ce la généralité? Est-ce le caractère actif ou négatif? Faut-il que l'obligation corrélative des droits absolus soit à la fois générale et négative? Un seul de ces caractères suffit-il? Lequel? N'y a-t-il pas des obligations générales actives? Autant de questions sans réponse.

IV

Nous sommes donc maintenant en mesure de justifier notre second principe, à savoir que la classification des phénomènes juridiques doit tenir compte *à la fois* et cumulativement du droit et de l'obligation. C'est pour n'avoir pas tenu compte de ce principe que la doctrine et que M. Roguin n'ont pas abouti.

Il nous faut donc éviter de tomber nous-même dans le reproche que nous leur adressons et montrer comment le principe que nous venons de poser doit être appliqué. Sa justification résultera ultérieurement des conséquences qu'il entraînera.

Nous avons éliminé de l'obligation un premier élément purement juridique, mais invariable, consistant dans son caractère obligatoire lui-même. Il nous est resté un élément extrajuridique purement phénoménal, consistant dans une relation unissant le débiteur au créancier, le sujet passif au sujet actif (termes vicieux), le titulaire à l'obligé (termes tout aussi généraux et préférables), à travers, à l'occasion d'un objet.

Nous avons vu dans notre précédent article que cette relation pouvait être appelée une *procuration-obtention*.

Cette relation à double face est éminemment propre à remplir le rôle de la base que nous cherchons pour classer les phénomènes juridiques. Nous allons le démontrer, puis la faire correspondre aux notions courantes de possession, prestation, dation, abstention, souffrance, qui en sont des variétés impures.

1° Cette notion de procuration-obtention est double : elle est donc propre, en la considérant dans son ensemble, à exprimer la dualité foncière du phénomène juridique, et, en la choisissant comme base de classification, nous ne courrons pas le risque de classer indépendamment les uns des autres les droits et les obligations, mais au contraire nous sommes assurés d'en obtenir la distinction la plus naturelle.

2° Cette notion est extrêmement simple, l'abstraction y est réduite au *minimum* nécessaire. Elle n'implique en outre aucune idée préconçue comme les termes d'absolu ou négatif de réel ou personnel, etc. Elle indique simplement une direction qui ne préjuge en rien de la nature des sujets et des objets.

3º Elle permet donc de classer plus tard les phénomènes juridiques en se rapprochant progressivement de la nature de plus en plus concrète, de plus en plus spéciale, des relations, des sujets et des objets. Par là elle est conforme à la règle de la subordination des caractères, que nous restons libres de choisir selon leur degré de généralité de moins en moins considérable.

4º Elle exprime certainement l'allure générale de l'ensemble du Droit. On peut en effet envisager la masse totale des utilités sociales, économiques ou morales, etc., existant au sein d'une société comme un stock limité, à l'instant considéré, où puisent les individus pour vivre et accomplir leurs fonctions vitales et sociales. Il est évident que chaque fois que l'individu A retire de la masse une utilité quelconque (objet matériel ou sa valeur abstraite), elle est perdue (au moins provisoirement et à l'instant envisagé) pour les autres. A obtient et les autres lui procurent, soit leur abstention pure et simple, leur consentement à ce retrait, soit l'objet même, en facilitant le dit retrait. Tout le droit consiste bien dans ce schéma général et tous les phénomènes juridiques peuvent s'y ramener. Une méthode scientifique rigoureuse exigerait que nous en établissions la démonstration. Nous sommes prêts à la fournir, mais ce n'est pas ici le lieu.

Cela étant, il s'agit de ramener à cette relation fondamentale toutes celles de la doctrine pour en extraire ce qu'elles ont de conforme à notre notion et procéder à leur reclassification.

La prestation et la dation sont des variétés de la procuration. Elles impliquent des idées accessoires et secondaires, qui les différencient. La dation suppose la transmission de la propriété d'une chose. Ces deux modes de procuration sont donc déjà complexes, mais peuvent facilement être décomposés, et on peut y retrouver la relation de procuration, contre-partie de l'obtention par le titulaire du droit. Ce sont toutes deux des procurations positives.

L'abstention et la souffrance sont, au contraire, deux variétés de procuration négative ; la souffrance suppose un degré de plus que l'abstention ; elle implique de la part de l'obligé un dépouillement plus complet de la masse totale de ses possibilités juridiques au moment considéré.

En tout cas ces quatre classes de procuration, que nous ne pouvons conserver telles quelles puisqu'elles sont simples, alors que la relation de procuration-obtention est double, font nettement saisir la nature du lien *de fait* qui unit les sujets d'un phénomène juridique entre eux à l'occasion d'un objet. Cependant leur désignation ne rend pas un compte aussi complet de la liaison qui existe entre le titulaire (le créancier) et l'objet.

Cette liaison, l'obtention, n'est connue dans le langage juridique courant que sous le nom et la forme de *possession*, et il est réservé uniquement aux droits réels. L'obtention en matière de droits de créance n'a pas été dégagée dans la doctrine des modes spéciaux de procuration que nous venons d'indiquer.

Cela se conçoit fort bien par suite de la définition qu'on donne du droit réel, et où l'on ne s'occupe pas des obligations qui le complètent, à la charge de tous ceux qui ne sont pas titulaires, et qui est une abstention.

Il faut donc décomposer la possession, en matière de droits réels, et en dégager l'élément d'obtention relatif à l'objet que procurent au titulaire les autres personnes, c'est-à-dire le respect même des actes accomplis par celui-là. La possession comprend donc : 1° des actes matériels unissant le titulaire à l'objet de son droit; 2° une relation d'obtention relative au respect de ces actes, à leur possibilité tranquille, et qui *caractérise* le droit réel.

Inversement dans le droit de créance il faut dégager des prestations, dation, etc., l'élément d'obtention au profit du titulaire, analogue à celui qui est inclu dans la possession.

V

Dans ces conditions, nous pouvons, partant de la relation juridique fondamentale, les classer en quatre séries principales, qui sont applicables à tous les phénomènes juridiques, non seulement existants, mais possibles.

1° Phénomènes juridiques à procuration-obtention positive.
2°   —   —   —   négative.
3°   —   —   positive et obtention négative.
4°   —   —   négative et obtention positive.

En fait, il peut se faire que l'obtention soit toujours positive et que nous ne recontrions jamais la seconde classe, où la procuration et l'obtention sont toutes deux négatives, pas plus que la quatrième, où seule l'obtention est négative. Mais nous pouvons les conserver pour une raison de symétrie, et aussi parce que nous ne pouvons *a priori* savoir ce que nous révèlera l'expérience.

Nous obtenons ainsi les quatre *fonctions* juridiques simples ou primitives, qui constituent la première division du phénomène juridique tel que nous l'avons conçu. La *fonction* est la forme active, dynamique de ce phénomène. Trois raisons principales nous ont déterminé à adopter ce terme, qui correspond avec plus de précision à la notion de droit subjectif et aussi d'obligation :

1° Comme tout droit suppose une obligation et inversement, le mot de *fonction* exprime nettement ce rapport de dépendance, cette liaison nécessaire de deux termes du phénomène juridique qui sont ainsi fonction l'un de l'autre, au sens mathématique.

2° A la différence du mot droit, qui prête à confusion, désignant tantôt l'ensemble d'un phénomène juridique, tantôt s'opposant *stricto sensu*, à obligation, le terme de *fonction* désigne les deux choses à la fois, et ne peut jamais servir à l'équivoque.

3° Le terme *fonction*, d'une part, cadre admirablement avec la notion de solidarité unissant les sujets de droit ; d'autre part, il est assez général pour s'appliquer aussi bien au droit public qu'au droit privé.

La notion de *fonction*, que nous équivalons à celle de procuration-obtention, est donc extrêmement générale, bien que précise. Elle n'est, quant à présent, qu'un contenu vide qui nous laisse libre de déterminer progressivement les *fonctions juridiques* en nous guidant, non sur des idées *a priori* et un système préconçu, mais sur leur nature propre. Nous sommes ici au point culminant de l'analyse juridique et nous devons procéder ultérieurement comme si les classes, les types courants de droits nous étaient inconnus. Nous devrons pourtant parvenir à les retrouver, mais sous une forme totalement différente.

Dorénavant nous pouvons considérer comme synonymes les termes de *fonction juridique* simple ou primitive et celui de *procuration-obtention*. La fonction simple est donc positive ou négative, et ce caractère résultera du caractère positif ou négatif de la procuration. Si nous rencontrons des phénomènes à obtention négative , il sera temps de préciser davantage. Si nous nous sommes trompés en les divisant ainsi, nous nous en apercevrons.

Ne poussons pas quant à présent plus loin la classification des fonctions et recherchons sur quelle base celle des sujets et des objets peut être poursuivie, en relation avec celle des fonctions.

Nous apercevons à première vue que la nature du sujet ou de l'objet est incapable de modifier le caractère de la fonction. Il nous faut donc un terme qui s'oppose à ce dernier et qui exprime la nature des sujets ou des objets.

Celui de *statut* nous paraît tout à fait apte à remplir ce rôle. Il est couramment usité dans un sens à peu près semblable dans le langage courant. Il y a donc tout avantage à l'employer.

Nous obtenons ainsi la première division du phénomème juridique, en statuts et fonctions, désignant, le premier les sujets et les objets et le second les relations qu'ils soutiennent entre eux, avec un degré de précision déjà plus considérable, nous acheminan, ainsi vers la considération des phénomènes juridiques usuels.

VI

Il résulte de ce que les *statuts* sont la détermination juridique des sujets et des objets considérés en eux-mêmes, qu'ils se divisent évidemment en deux classes : statuts réels ou objectifs. relatifs aux objets; statuts personnels ou subjectifs, relatifs aux sujets. Les termes de réels, personnels, subjectifs ou objectifs que nous employons ne préjugent rien, et peuvent être remplacés, si on le désire, par d'autres mieux appropriés. Nous voulons simplement dire qu'il y a les statuts des objets et ceux des sujets.

Quelle est la classe de ces statuts qui influe le plus profondément sur la classification des fonctions? Telle et la première question que nous avons à résoudre.

C'est celle des *statuts réels*.

Une fonction différera beaucoup plus d'une autre si l'objet en est différent, que si, l'objet étant le même, les sujets seuls ont des statuts différents.

Soit en effet une fonction simple, primitive ayant pour objet un cheval. A procure à B un cheval et ce dernier l'obtient. Que A soit un individu physique ou une personne morale, que B soit un particulier ou l'État, la nature de la fonction ne change pas. C'est celle qui est incluse par exemple dans un droit de créance au profit de A contre B. Au contraire supposons que A procure à B, qui l'obtient, le respect. Cet objet, de nature différente, change la nature de la fonction. Elle est toujours simple et primitive, et suit des règles communes avec celles qui sont dans les droits de créance. Mais la nature de l'objet entraîne des modalités spéciales quant à la procuration et à l'obtention, quant à la fonction. Que B, dans ce cas, soit un père, un supérieur hiérarchique, un individu quelconque qui par son statut a droit au respect de A, la nature des fonctions où se retrouve cet objet est identique, et elles diffèrent moins entre elles que leur ensemble par rapport aux fonctions où l'objet est un cheval.

La classification qui domine donc le Droit et qui fait suite à celle de statuts et fonctions, et en fonctions positives et négatives, est donc celle des statuts réels ou objectifs et personnels ou subjectifs.

Elle ne peut être obtenue que par l'observation. Nous allons donc en donner une idée générale, mais provisoire, susceptible de révision ultérieure.

1° *Remarques relatives aux statuts réels.*

Une première remarque nous est suggérée par la nécessité de distinguer soigneusement dans certains objets la fonction même, avec laquelle on risque de les confondre, si on ne pousse pas l'analyse assez loin. Par exemple, dans tous les droits, toutes les obligations relatives à un *fait de l'homme,* ce fait doit se décomposer toujours en : 1° un élément permanent et invariable, et qui est une fonction primitive positive ou négative ; 2° un élément variable et contingent, qui est l'objet de cette fonction, caractérisé par son statut. Soit en effet une obligation de ne pas bâtir à la charge de B, au profit de A, titulaire du droit corrélatif. Nous décomposons ce phénomène juridique en : 1° la fonction primitive négative, consistant en ce que B procure à A, qui l'obtient, un objet négatif ; 2° cet objet, envisagé positivement (puisque la fonction est négative, que B le *procure négativement,* il faut le considérer positivement pour déterminer son statut), c'est le fait de bâtir, déterminé par le statut réel propre à ce genre d'actes. Toutes ces obligations suivent : 1° les règles communes à toutes les fonctions primitives négatives ; 2° celles spéciales à tous les statuts applicables au fait de bâtir ; 3° et se divisent selon les statuts personnels de A et de B (1).

(1) Notre manière d'envisager le droit paraît ainsi, à première vue, plus compliquée que celle de la doctrine. Mais cette complication apparente contient en germe une simplification ultérieure des principes juridiques, et nous achemine vers l'élaboration du *droit général commun,* que nous tenterons peut-être un jour.

Une autre remarque propre à faciliter la classification ultérieure des statuts, dont nous indiquerons dans notre conclusion les conséquences, c'est que les objets inclus dans les faits de l'homme, d'apparence abstraite, consistent cependant en phénomènes concrets. Mais il y a une seconde classe d'objets, encore plus concrète, et dont la détermination a par suite été poussée plus loin par la doctrine. Ces objets sont les biens. Nous pouvons les classer, à sa suite, en : 1° génériques ou particuliers, c'est-à-dire déterminables ou déterminés; 2° ces derniers en immeubles ou meubles; 3° les meubles en fongibles ou non, consomptibles par le premier usage ou non, chaque classe possédant un statut spécial et rassemblant des statuts encore plus spéciaux, comme le statut monétaire par exemple.

Une troisième remarque, c'est que l'on peut considérer, pour grouper des classes d'objets leur utilité relative, leur valeur, leur usage, et abstraire ainsi de l'objet concret considéré comme un corps physique une qualité, qui, seule, est l'objet réel d'une fonction. C'est même la classification de ces *qualits* qui devra servir de base à celle des statuts réels.

Il y aura à ce sujet des questions délicates à résoudre. En effet, ces qualités, si elles sont physiques, chimiques, etc., c'est-à-dire objet de sciences déjà constituées, pourront être déterminées par ces sciences d'une manière objective et applicable à tous. Mais deux sujets peuvent contracter en raison d'une qualité que, *seuls*, ils trouvent intéressante dans un objet, par exemple : la valeur artistique d'un tableau. Sans doute, même là, il y a possibilité d'objectiver ces qualités, mais les difficultés sont considérables.

Il y a cependant déjà des statuts réels presque constitués : *statuts immobiliers*, *statuts monétaires*, etc.

Un objet qui mérite une place à part dans la classification est constitué par les contrats, ou plutôt les actes juridiques, les *instrumenta*, les actes notariés ou sous seings privés.

Soit A et B, deux sujets qui contractent. Ils créent ou modifient une fonction juridique complexe quelconque et la monumentent dans un acte. Il intervient à propos de cet acte une nouvelle fonction juridique. En effet l'un des sujets procure à l'autre l'utilité déterminée par le statut de l'acte considéré, et qui varie selon qu'il est authentique ou sous seings privés; cette fonction peut être réciproque. On peut désigner cette catégorie de statuts objectifs par le terme de statuts *formels*, et la subdiviser en statuts relatifs à la forme des actes juridiques et statuts relatifs à leur valeur probante.

2° *Statuts personnels.*

Les *statuts personnels* sont ceux qui déterminent les sujets et les conditions qui les rendent propres à figurer dans les fonctions juridiques. Le statut global complet d'un sujet doit énumérer toutes les fonctions qui lui compètent. Elle correspond, à première vue, aux notions d'*état* et de *capacité*, telles qu'elles sont généralement conçues. De plus l'ensemble des fonctions économiques que peut remplir un sujet détermine une partie de son statut, qui correspond à la notion de *patrimoine*.

Une première remarque destinée à servir à la classification des *statuts personnels*, c'est qu'il n'y a pas lieu de tenir compte de la distinction du droit en public et privé. Il n'existe pas, croyons-nous, un statut général applicable à tous les sujets du droit public et un autre statut général applicable à tous les sujets du droit privé, et différent du premier. Nous croyons au contraire, sauf à modifier notre croyance, si, plus tard, nous en apercevons l'erreur, qu'il y a un *statut général commun* applicable à tous les sujets du droit, public ou privé, et des séries de statuts de plus en plus particuliers relatifs soit à l'État, soit aux personnes morales administratives, commerciales, civiles, etc., soit aux individus, et encore plus spéciaux selon les individus.

La seconde remarque que nous croyons devoir formuler, c'est que la détermination du statut d'un sujet de droit n'est pas arbitraire et ne peut être établie une fois pour toutes, mais dérive de la nature intrinsèque du sujet, ou, si l'on veut, de l'idée que l'on s'en fait. Mais cette idée peut, à l'aide de la recherche scientifique, serrer de plus en plus progressivement la réalité.

C'est ainsi qu'en ce qui concerne l'individu physique, la détermination de son statut doit être obtenue, non par des idées philosophiques ou politiques *a priori*, mais par la science : la physiologie et la psychologie normales et pathologiques, et la sociologie générale. En ce qui concerne les personnes dites morales, le droit doit s'inspirer progressivement des résultats de la sociologie et de la psychologie collective, qui, elles, doivent s'attacher à résoudre le problème fondamental de savoir en quoi consiste la conscience de groupe, la conscience collective, la conscience sociale, qui est la manifestation extérieure de la réalité de ces sujets, permettant leur prise, leur considération par le droit.

Les diverses classes de *statuts personnels* doivent donc correspondre à la capacité réelle des sujets, et cette capacité ne peut être déterminée que par la méthode d'observation. La vérité scientifique obligerait à créer autant de statuts personnels qu'il y a de personnes distinctes, car il n'y a évidemment pas deux individus identiquement semblables. Sans aller jusque-là, il est certain que les statuts les plus généraux ne peuvent consister qu'en des règles extrêmement simples, propres à embrasser tous les statuts subordonnés et qu'à la limite, les statuts les plus particuliers ne peuvent être déterminés à l'avance et qu'une certaine latitude doit être laissée à ceux qui sont chargés d'appliquer le droit.

VII

Munis des notions de *fonctions* et de *statuts*, recherchons comment elles peuvent se combiner pour reproduire tous les phénomènes juridiques ; comment ces combinaisons cadrent avec les notions courantes de droits et d'obligations et quelles conséquences pratiques en résultent.

Ces notions sont encore abstraites : ce sont des cadres vides qu'il s'agit de remplir. Mais elles nous permettront d'apporter dans l'étude des réalités concrètes une méthode plus rigoureuse ainsi que nous le déterminerons en concluant.

Nous avons vu que les obligations et les droits devaient se classer parallèlement. C'est à l'aide de la fonction que nous pourrons arriver à ce résultat.

1. — Appliquons-en les principes d'abord à la classification usuelle des obligations, telle qu'elle résulté du Code civil. Nous y trouverons les bases de distinctions nouvelles.

Le droit civil classe les obligations en général en pures et simples, ou conditionnelles, ou à terme ; alternatives ; solidaires ; divisibles ou indivisibles. Comment devons-nous concevoir ces modalités ?

La question que nous avons à résoudre est celle de savoir si nous pourrons retrouver dans ces classes qui paraissent relatives aux seules obligations des éléments qui leur soient communs avec les fonctions, c'est-à-dire qui soient à double face et propres à servir à la classification aussi bien des droits que des obligations.

Et d'abord la *condition* et le *terme* sont-ils des modes spéciaux de la fonction juridique?

En d'autres termes, la condition et le terme affectent-ils non seulement la procuration, mais aussi l'obtention? D'autre part, ont-ils une influence quelconque sur les statuts soit réels, soit personnels?

Il suffit de poser la question pour la résoudre. Il est certain que le terme et la condition affectent la fonction dans son entier aussi bien du côté de l'obtention que de la procuration, et qu'ils sont sans effet à l'égard de la détermination des statuts.

Nous pouvons donc, à côté des fonctions pures et simples, reconnaître des *fonctions conditionnelles* et des *fonctions à terme*. L'avantage, le seul, mais il est considérable, que nous obtenons par la substitution ici du terme fonction à celui d'obligation, c'est de dégager une plus grande généralité, qui nous servira plus tard.

Les *obligations alternatives* sont-elles des fonctions alternatives? Il faut toujours pour qu'il en soit ainsi que cette modalité affecte à la fois la procuration et l'obtention, mais non les statuts.

La question est plus délicate.

Pour la résoudre, nous sommes en présence de deux procédés :

Ou bien faire reposer l'alternative sur le statut de l'objet, ou bien sur la fonction.

Nous pouvons considérer la fonction, la procuration de deux ou plusieurs objets au choix, comme fixe, ainsi que son obtention et considérer cette fonction comme portant sur des objets *fongibles*.

Dans ce cas, pas d'hésitation possible : il faut conclure que les obligations alternatives ne sont pas des fonctions alternatives, mais des fonctions simples portant sur des objets fongibles.

Mais alors une question se pose, au cas où le choix porte sur un objet et un fait négatif. Il semble alors que ce soit la fonction qui varie, et qui est alternativement positive ou négative.

Nous préférons rejeter cette solution, mais cela nous entraîne à des conséquences nouvelles, qui nous permettent de revenir sur notre division primitive des fonctions en positives et négatives, en l'éclairant d'un jour nouveau.

Il faut donc désormais considérer cette distinction de là manière suivante :

Est positive une fonction qui porte sur un objet positif.

Est négative une fonction qui porte sur un objet négatif.

Il en résulte qu'il faut reporter au statut réel la division en positif et négatif.

Les obligations *solidaires* sont-elles des fonctions solidaires? Nous croyons que oui. Il y là une nouvelle classe de fonctions, qui sont à la fois complexes et solidaires, les *fonctions solidaires* étant une variété des *fonctions complexes*.

En effet, en quoi consiste la solidarité? Dans la réunion de plusieurs procurations et d'une obtention unique ou inversement. Elle affecte donc bien la fonction, qui est complexe. D'autre part, les procurations vis-à-vis du créancier peuvent se changer en obtention au profit du débiteur qui a payé et qui exerce son recours. Il y a donc là une modalité de la fonction elle-même, que nous n'analysons pas plus avant.

La question de savoir si les obligations *indivisibles* se confondent avec une classe de fonctions correspondantes, dites indivisibles est extrêmement difficile à résoudre. Nous ne pouvons ici, en la réservant, qu'indiquer quelques considérations propres à préparer sa solution.

Et d'abord l'indivisibilité paraît résulter en général du statut réel : elle n'affecterait donc pas la fonction.

Cependant l'existence d'un recours possible du débiteur changeant la nature de sa procuration primitive en obtention vis-à-vis de ses codébiteurs, on peut considérer la fonction relative à un objet indivisible comme complexe.

Elle se classerait donc à côté de la fonction solidaire, mais avec des nuances que nous n'examinerons pas ici.

2. — Les obligations *contractuelles* peuvent nous fournir de nouvelles classes de fonctions : il est donc intéressant de les passer rapidement en revue.

Bien entendu nous ne considérons ici les contrats que comme des composés de fonctions, mais non comme des formes juridiques, des types formels.

M. Planiol en a réduit la classification à trois groupes : 1° contrats à titre onéreux ou de bienfaisance; 2° unilatéraux ou synallagmatiques; 3° commutatifs ou aléatoires.

Cette classification encourt le reproche de ne pas être conforme à la règle de la subordination des caractères. En effet, d'abord, la troisième classe, M. Planiol le reconnaît lui-même, n'est qu'une application aux obligations contractuelles de la division des obligations (fonctions) en pures et simples ou bien conditionnelles.

De plus la première classe est une subdivision de contrats sy-

nallagmatiques seuls. Ces trois classes ne se situent donc pas sur le même plan.

Enfin cette classification est relative aux contrats envisagés dans leur ensemble, mais non aux seules obligations qu'ils recouvrent.

Nous pourrions la reprendre sur des bases nouvelles, soit en partant de la considération du but, soit de l'intérêt économique en jeu.

Nous aurions ainsi des contrats à but purement juridique, comme le mandat, qui sert à assurer la représentation juridique du mandataire ; à but économique, comme la majorité des contrats civils et commerciaux : à but moral, comme le mariage; à but politique, etc.

Nous aurions encore des contrats créateurs de salaires, d'intérêts, de rentes, ou de profits, correspondant aux quatre classes de revenus reconnus par l'économie politique, et contrats créateurs de propriété, contrats de garantie, etc.

Mais tel n'est pas notre but.

Nous voulons simplement rechercher si la complexité des fonctions qui interviennent dans ces édifices juridiques qu'on appelle des contrats ne nous donnera pas de nouveaux principes propres à préparer la classification des fonctions.

Or la considération de la division des contrats en unilatéraux et synallagmatiques nous indique immédiatement qu'il existe des *fonctions réciproques* (ou synallagmatiques), c'est-à-dire inverses, la procuration fournie par un sujet étant accompagnée d'une obtention parallèle, avec laquelle elle forme un tout indissoluble, ce qu'on exprime en droit en disant que la prestation d'une partie est la cause de celle de l'autre.

Ces fonctions réciproques ou synallagmatiques se retrouvent dans tous les contrats du type de l'échange (échange, vente, louage, contrat de travail, entreprise, etc.), que l'objet de l'échange porte sur la propriété de la jouissance d'une chose, sur un fait de l'homme isolé ou un ensemble permanent de services.

Nous pouvons même d'ores et déjà subdiviser ces fonctions en considération de statut réel. En effet, ou bien l'objet de ces fonctions est le même, ou bien il est différent. Si l'objet de la fonction réciproque diffère pour chaque fonction simple, en d'autres termes si l'objet de la prestation (et de l'obtention) de chaque partie diffère, nous avons des types qui interviennent précisément dans les contrats de la forme échange : c'est ainsi que dans la vente l'objet d'une fonction simple, c'est la chose vendue; l'objet de l'autre est une somme d'argent, le prix.

Au contraire, si l'objet est le même pour l'ensemble de la fonction réciproque, nous obtenons des contrats du type de l'association, de la société, où l'objet des fonctions est le même pour tous les sujets, à savoir les bénéfices à réaliser.

Nous pouvons encore pousser la classification plus avant.

Dans les contrats où interviennent les fonctions réciproques à objets différents (type échange), la nature des objets peut servir de base à des distinctions. Si l'objet peut être obtenu par un seul trait de temps, on peut dire que la *fonction est discontinue;* si la procuration de l'objet est permanente, nous nous trouvons en présence de *fonctions continues.* Ce cas se présente par exemple en matière de louage d'immeubles, de contrat de travail, etc., où les prestations du débiteur sont successives et occupent une certaine durée.

Théoriquement toutes ces fonctions peuvent être conditionnelles ou à terme, bien qu'en pratique elles n'apparaissent que dans les contrats dits aléatoires.

On peut aussi faire intervenir la notion d'objet négatif pour obtenir de nouveaux types contractuels.

3. — Envisageons maintenant les droits proprement dits : réel, de créance, de puissance, etc., pour rechercher comment ils peuvent entrer dans la classification des fonctions ou des statuts.

La grande distinction classique des droits en réels et personnels (ou de créance) correspond-elle à une division que nous devions établir en fonctions réelles et fonctions personnelles, de sorte que nous n'aurions que reproduit sous des termes différents des choses déjà connues, ou bien au contraire y a-t-il une différence de nature entre les conceptions de la doctrine et les nôtres?

Il nous est impossible de distinguer nos fonctions en réelles et personnelles, correspondant aux droits réels et de créance. Toutes les fonctions sont à la fois réelles et personnelles, et voici comment :

Nous avons vu que tout phénomène juridique comportait nécessairement une ou plusieurs fonctions et des statuts réels et personnels. L'existence, la coexistence même du statut réel et du statut personnel est nécessaire pour la détermination d'une fonction. Toute fonction est donc réelle, en ce sens qu'elle s'applique à un objet déterminé par son statut réel, et personnelle, en ce sens qu'elle intervient entre des sujets déterminés par leur statut personnel.

Il faudra donc que nous retrouvions par ailleurs la distinction des droits réels et de créance, que nous recherchions leur véritable nature, et que nous les désignions par des termes appropriés.

Une considération fondamentale qui va nous servir de point de départ consiste dans la reconnaissance d'une *fonction primaire et générale,* qui se retrouve dans toute espèce de droits.

Nous devons, en effet, considérer un sujet juridique quelconque comme relié à *tous* les autres sujets, et cela d'une manière permanente par cette fonction. Chaque sujet est, avons-nous dit, déterminé par son statut, quel que soit d'ailleurs ce statut. Notons seulement qu'il comprend l'ensemble des facultés juridiques reconnues à ce sujet par le droit en vigueur dans la société et à l'époque considérée : il comprend donc des éléments abstraits et le patrimoine du sujet, son patrimoine moral, pour ainsi dire, et l'ensemble de ses possibilités économiques, juridiques, etc. Ce statut lui confère une certaine sphère d'activité, un espace libre, un champ d'action qui lui est réservé par le droit, la coutume, les mœurs. Il correspond approximativement à ce que M. Roguin appelle les droits absolus, mais avec cette différence considérable que M. Roguin a ajouté à l'observation une idée préconçue : celle de droits naturels qu'apporte chacun de nous en naissant, idée qui n'est pas démontrée ; car il peut se faire, nous n'en savons rien tant que nous n'avons pas examiné la question, que le droit soit une chose exclusivement sociale et que chacun de nous n'en jouisse qu'à titre relatif et limité. C'est là une question philosophique que nous n'avons pas besoin de traiter. Il nous suffit de savoir qu'il y a un statut personnel afférent à chaque sujet de droit.

Eh bien! chaque sujet est tenu vis-à-vis d'un autre de respecter ce statut. C'est là la fonction juridique essentielle, qui constitue l'essence même du droit, quelle qu'en soit l'origine et la nature, qu'elle soit fondée sur la volonté, l'intérêt ou toute autre considération. Nous prenons le droit comme un fait, comme un ensemble de phénomènes concomitants de la société contemporains de l'origine même de l'humanité, puisqu'aussi haut que remontent les investigations historiques nous les retrouvons toujours. Nous n'avons donc pas besoin de rechercher une base, d'ailleurs tout aussi inexplicable, à l'existence de ces phénomènes. Nous constatons seulement leur existence, et nous supposons que comme tous les phénomènes de l'univers ils ont leurs lois, et c'est pour découvrir ces dernières que nous commençons par classer ces phénomènes.

Nous sommes donc en présence d'un fait : la liaison de tous les sujets d'une société par une fonction générale ayant pour objet le statut de chacun d'eux. Cette fonction est réciproque, et elle porte sinon sur le même objet, au moins sur des objets identiques en droit. Elle est l'expression juridique de la solidarité économique et morale qui unit tous les membres d'une société. Cet objet doit être considéré négativement. En effet, la fonction, c'est-à-dire la procuration, n'est pas celle du statut, c'est celle *de ne pas* toucher à ce statut, de ne pas le troubler, de ne pas le modifier sans cause légitime. Elle correspond à l'obligation générale d'abstention de M. Roguin, mais avec un degré de généralité et de précision que nous croyons y avoir ajouté.

Cette fonction se retrouve, avons-nous dit, dans tous les droits.

Dans le droit réel, c'est elle qui établit le lien de droit entre le titulaire et les autres sujets. Mais elle ne suffit pas, comme M. Roguin l'a cru à tort, pour caractériser ce droit, qui est beaucoup plus complexe. Dans le droit de créance elle existe aussi ; car tous les sujets autres que le créancier sont également tenus de s'abstenir de tout acte de nature à porter atteinte à la *fonction spéciale* qui relie ce dernier au débiteur.

Ce n'est donc pas elle qui nous servira à distinguer ces deux espèces de droit; même nous ne pouvons pas l'utiliser en disant qu'elle existe seule dans le droit réel, alors que dans le droit réel elle est doublée d'une ou de plusieurs fonctions spéciales.

En effet le droit réel est une construction juridique compliquée qui renferme également des fonctions spéciales. La propriété par exemple est un droit qui n'est pas suffisamment expliqué en disant qu'il consiste dans la fonction générale qui relie négativement, par voie d'abstention, le titulaire aux autres individus. Cela ne nous donne aucune idée de la nature des facultés spéciales à ce droit qu'il confère à son titulaire, et qui sont désignées sous les noms de *utendi, abutendi, fruendi*. Cela ne nous indique pas comment ce droit est limité par des obligations à la charge du titulaire, telle que : payer l'impôt, subir l'expropriation pour cause d'utilité publique, supporter les charges du voisinage et de la mitoyenneté, etc.

Sans doute beaucoup de ces particularités sont expliquées par la considération du statut réel immobilier, mais pas toutes. Ce qui est certain, c'est que la notion doctrinale d'après laquelle le droit réel est caractérisé parce qu'il est opposable à tous, et le droit de créance au débiteur seul et à ses ayants cause, est fausse, puisque la fonction générale, qui exprime en d'autres termes la même idée, existe aussi dans les droits de créance.

Seulement il se trouve qu'à côté de cette fonction générale, le droit de créance est constitué par un nombre restreint, généralement réduit à un, de fonctions spéciales, alors que le droit réel en possède un nombre plus considérable, et qu'elles ont une durée plus grande. En effet, la fonction qui unit le créancier d'une somme d'argent à son débiteur est simple : elle est peu durable, puisqu'elle s'éteint avec le paiement, qui généralement intervient dans une période de temps relativement restreinte. Au contraire le propriétaire est uni par des fonctions simples nombreuses à des sujets nombreux : l'État en ce qui concerne l'impôt et les charges de la propriété; les voisins en ce qui concerne la mitoyenneté, le bornage, etc.; les voleurs, les déprédataires en ce qui concerne l'obligation d'indemniser, de restituer, etc., etc., et qui sont des fonctions spéciales de même nature que celles des droits de créance. Le droit réel n'est donc pas à proprement parler un droit, c'est seulement un statut, source de fonctions. C'est à la fois un statut personnel (celui du propriétaire) et un statut réel (celui de l'immeuble ou de l'objet quelconque du droit réel); au contraire le droit de créance est un phénomène juridique complet, ou plutôt une fonction juridique complète intervenant parmi des statuts.

On voit donc déjà la netteté qui résulte de l'adoption des termes de statuts et de fonction au lieu de droits et d'obligations. Elle permet de faire apparaître commodément et véritablement la nuance si indécise dont la doctrine sépare les droits en réels et personnels; elle les oppose nettement et radicalement en montrant en même temps leur différence foncière et les conséquences qui en dérivent.

En effet, si *le droit réel est un statut*, et *le droit de créance une fonction*, les conséquences qui en découlent sont toutes naturelles :

1° L'émolument du droit réel est acquis au titulaire sans aucun intermédiaire ; celui du droit de créance ne profite au créancier qu'en raison du concours de l'obligé ; la relation du sujet investi du droit réel avec l'objet est directe ; elle est indirecte dans le droit de créance. Les actes d'*usus*, d'*abusus* et de *fructus découlent du statut de propriétaire*, d'usufruitier, sont déterminés par le droit statutaire, au même titre que les actes que peuvent exercer le mari, le père, le tuteur, le préfet, le député, etc., etc., tandis que les actes que peut accomplir un créancier sont surtout *déterminés par la nature de la fonction*.

2° Le droit réel ne peut pas, à la différence du droit de créance, porter sur des objets génériques, ni des faits de l'homme, parce qu'ils ne peuvent être la matière que d'une fonction, mais non d'un statut. Le statut de propriétaire, d'usufruitier, etc., détermine les actes qu'ils peuvent légitimement accomplir sur une chose, mais ce statut est purement théorique tant qu'il se borne à investir un sujet de la capacité nécessaire à son exercice. Il ne passe à l'acte que lorsque le sujet l'exerce réellement sur une chose. Mais l'exercice de ce statut, qui nécessite un objet matériel et concret, diffère de l'exercice d'une fonction, en ce qu'il est impossible qu'un autre sujet soit tenu à l'égard du titulaire d'opérer une procuration pouvant porter, elle, sur un genre, ou un fait de l'homme (1).

Il en résulte que la distinction des droits réels et de créance ne repose pas sur un fondement juridique. Ce ne sont pas deux droits juridiquement différents. Le mot « droit » n'a pas le même sens dans les deux expressions, à moins qu'il ne désigne simplement ce que nous avons appelé la fonction générale ou primaire, telle que nous l'avons définie, mais alors ce n'est pas d'une variation de cette fonction qu'on peut déduire une différence de nature des droits réels et des droits de créance.

On conçoit au contraire, si on adopte nos idées, pourquoi l'on peut dire, d'ailleurs d'une manière vicieuse, que le droit réel est opposable à tous et le droit de créance au seul débiteur et à ses ayants cause. Il est clair que le statut de propriétaire, par exemple, produit effet *erga omnes*, parce que c'est un statut ; au contraire le statut du créancier n'existe pas d'une manière générale et permanente : on n'est pas créancier en général, comme on est propriétaire. On est créancier de quelqu'un, et pour un temps

(1) Notre notion de statut cadre presque exactement avec la situation juridique subjective de M. Duguit.

limité, alors qu'on est propriétaire, surtout foncier, sans qu'on ait besoin de préciser de quoi.

Cela est tellement vrai qu'on peut trouver des statuts de propriétaires bien caractérisés, par exemple celui de « rentier ». Il est vrai qu'un rentier est par essence investi d'une fonction, d'un droit de créance vis-à-vis de l'État, de la Société commerciale dont il possède des titres de rente, actions ou obligations. Mais lorsqu'on envisage le rentier, ce n'est pas comme créancier : il n'y a pas de statut suffisamment caractéristique. C'est comme propriétaire des revenus attachés à ses titres qu'on le désigne sous ce nom, comme investi d'un droit réel sur eux. Il a un statut permanent, conséquence de la permanence du statut réel des objets dont il obtient les fruits à l'aide d'une fonction.

La véritable différence du droit réel et du droit de créance n'est pas tant juridique qu'économique : elle résulte de la différence de procédés à l'aide desquels un sujet obtient d'un objet l'avantage, l'utilité qu'il comporte. Si c'est à l'aide de procédés purement économiques, agricoles, industriels, il exerce un droit réel; si c'est à l'aide de fonctions juridiques, il exerce un droit de créance.

La considération des droits réels et de créance nous a donc mis en possession de deux nouvelles classes de fonctions : *fonctions générales* et *fonctions spéciales*.

Poursuivons notre investigation dans le domaine des droits pour rechercher de nouvelles classes s'il en existe.

Le droit civil nous met en présence de deux autres catégories : les droits de puissance et les droits individuels, ou attachés à la personne.

Ces derniers sont les plus faciles à ramener à nos notions. Ils consistent purement et simplement dans un statut. Mais ils constituent plutôt le statut général commun des sujets de droit, comportant le droit d'aller et de venir, d'exercer son activité librement, de s'obliger, de profiter d'une fonction juridique ou de l'exercer, etc. Nous reviendrons sur la détermination même de ces statuts.

Les droits de puissance se décomposent aisément en statuts et en fonctions. Le statut de père, de mari, d'épouse, de fils, d'allié, de tuteur, de pupille est une notion facilement acceptable et compréhensible. Qu'elle soit la source de fonctions juridiques, cela est également admis. Mais nous devons y ajouter cette précision que ces fonctions ne diffèrent pas essentiellement des autres, si ce n'est par leur objet, qui n'en fait pas partie. Il en résulte que les règles générales applicables à toutes les fonctions doivent leur convenir. Comme les fonctions que nous avons vues, elles peuvent théoriquement être pures et simples ou bien conditionnelles ou à terme ; unilatérales ou réciproques ; continues ou discontinues ; solidaires ou complexes, à moins que la nature de l'objet y fasse obstacle. Mais c'est là une question d'expériences à résoudre au fur et à mesure qu'elles se poseront.

VIII

Nous avons postulé que nos notions de statuts et de fonctions étaient applicables à l'ensemble du Droit ; que les lois auxquelles sont soumises les fonctions étaient générales et applicables à tous les statuts de droit public comme de droit privé.

Si le cadre de cette Revue nous permettait de pousser nos investigations dans les phénomènes juridiques de droit public, il nous serait aisé d'y reconnaître la vérification de cette idée.

Pour en donner un aperçu, bornons-nous à indiquer que les relations publiques sont des fonctions qui ne diffèrent des relations privées que par les statuts entre lesquelles elles interviennent. Que le sujet de droit soit l'État, une personne administrative quelconque (département, commune, etc.), ou bien un individu agissant pour son compte, le phénomène fondamental qu'il met en œuvre c'est la procuration-obtention, c'est-à-dire la fonction, et les principes généraux qui la régissent ne varient pas en raison de la nature des sujets.

Il en résulte que le Droit objectif doit être considéré sous un autre aspect, au point de vue de sa classification, qui doit être refondue pour remplacer celle qu'un intérêt purement pratique et professoral, basée d'ailleurs sur des raisons historiques, a fait introduire parmi nous.

Il doit en effet se diviser en Droit fonctionnel et Droit statutaire, et à première vue on s'aperçoit que la masse de ce dernier est beaucoup plus considérable que celle du premier. Le Droit fonctionnel constitue le Droit général commun, et peut-être mieux, la science juridique abstraite elle-même, analogue à la mathématique, basée comme elle sur des axiomes et des postulats : statuts et fonctions, et comme elle, s'accroissant par le seul jeu du raisonnement.

Au contraire, le Droit statutaire est plutôt analogue aux sciences d'observation et d'expérience. La détermination des statuts ne peut se faire *a priori*, mais doit résulter de l'étude scientifique de l'homme et des groupes sociaux spontanés; de l'étude des objets, entreprise à ce point de vue, et déjà à l'état d'ébauche dans l'Économie politique et dans la Sociologie (en ce qui concerne les « faits de l'homme »).

Nous n'insisterons pas davantage sur les conséquences qui résultent d'une meilleure classification des phénomènes juridiques. Elle ne tend à rien moins qu'à préparer l'avènement d'une étude expérimentale du droit. Mais c'est là un sujet qui mérite des développements plus étendus et que nous aborderons peut-être un jour.

BAR-LE-DUC. — IMPRIMERIE CONTANT-LAGUERRE

5ᵉ ANNÉE   1909

REVUE
DE
DROIT INTERNATIONAL PRIVÉ
ET DE
DROIT PÉNAL INTERNATIONAL

FONDÉE PAR
A. DARRAS
RÉDIGÉE PAR
A. de LAPRADELLE
PROFESSEUR AGRÉGÉ A LA FACULTÉ DE DROIT DE PARIS
ASSOCIÉ DE L'INSTITUT DE DROIT INTERNATIONAL
avec la collaboration de jurisconsultes, magistrats et professeurs, français et étrangers
Secrétaire de la rédaction : **P. GOULÉ**, Docteur en droit, ancien magistrat

Abonnement annuel
France.............. **20 francs.** — Étranger................ **22 fr. 50**
L'année terminée se vend..... .... **22 francs.**
Les cinq années parues...................... .... **100 francs.**

Léon JACQUES

De quelques Considérations

sur la

" Res publica "

Européenne

1 volume in-8°............................ **4 francs net.**

Le Gérant : L. LAROSH.

BAR-LE-DUC. — IMPRIMERIE CONTANT-LAGUERRE